柴田愛子先生の保育のコミュ力《りょく》

柴田愛子 著

ひかりのくに

はじめに

スマホやメールなどにより、文字でのコミュニケーションが便利な時代になりました。どこにいても、いつでも、顔を合わせずに交信できるのですから助かります。

反面、顔を合わせてのコミュニケーションが苦手になってきていませんか？

日頃、皆さんは子どもとどうやってコミュニケーションを取っているでしょうか。赤ちゃんは泣くだけ。もともと人間は言葉を持って生まれてきません。ですから、泣き方や顔色、様子で思いを察することしかできません。やがて、おしゃべりになっていきますが、感性の豊かな子どもたちの言葉力はまだまだ稚拙です。ですから、子どもの思いをくみ取って、心のコミュニケーションを取っていくのが保育といっても過言ではないでしょう。

同僚や保護者とのコミュニケーションはどうでしょう？
子どもとは違って言葉も文字も使えるから関係はスムーズにいくかというと、そうもいきません。命を預かる、預けるという大事な関係にあって、事務連絡だけでうまくいくはずがありません。その人の声、話し方、表情などを通して、メッセージは発信されています。子どもと同じですね。相手の話に耳を澄ます、自分の気持ちを発信する…。お互いのやり取りを通してこそ信頼関係が育っていくのですから手間も時間もかかります。残念ながら関わりなくして関係は生まれません。本書をコミュニケーションのきっかけに、一歩前に踏み出すためのヒントにしていただけたらうれしいです！

――二〇一九年七月　柴田愛子

目次

第3章 保護者・地域とのコミュ力

第1章 子どものコミュ力

1 入園したての子どもたちに

新しいことを心穏やかに迎えられる人はあまりいません。
子どもも親も保育者もみんなして心はパニック。

あっちで泣いて、こっちで泣いて、抱っこを要求されるかと思えば、抱っこを拒否してバタバタ走り回る子もいる。「ママー」と叫ぶ子もいます。どこからどう手をつけていいのか困ってしまう新学期の始まりです。

つばきくんは泣いていません。2歳です。自分から私の手を握ってきました。私を頼ることにしてくれたのでしょうか。私も手を握り返します。ところが、耳を傾けると「おかあさん、おかあさん」とつぶやいているじゃありませんか。

私をお母さんと間違えている？　そうでもなさそうです。じゃあ、先生という言

葉を知らずに「おかあさん」と言っている？　そうでもなさそうです。真意は分かりません。そう、子どもは気持ちを話すことが得意ではありません。ですから、意味は分からないまま受け入れるしかありません。

迎えのときに、このことをお母さんに伝えました。お母さんが家に帰って「どうしてお母さんって言ったの？」と聞いたそうです。すると、**「おとうさんもおかあさんもいなくてさみしかったから、おかあさんっていったの」**と話したそうです。それを聞いてびっくりしてしまいました。不安な気持ちや寂しい気持ちを「おかあさん」と声に出して言うことで、温かい気持ちになれる。自分を励ますことができるということなのでしょう。

思い起こしてみると、こういう場面はよくあります。ほとんどの場合、〝先生〟という言い方が分からないのだろうと察して、「私はお母さんじゃなくて先生って言うの」と答えることが多いのではないでしょうか？　もちろんそういうときもあるでしょうけれど、こんなふうにつぶやくことでホッとできるということもあるのですね。つばきくんが言葉にしてくれたことで、真意が分かりました。それだけで

なく、私たちも心細いとき、行き詰まったとき、大切な人の名前をつぶやくことがありますよね。既に2歳から同じ感情をもつことに驚きです。

むーくんは入り口の柵にしがみついて外に向かって「ママ、ママ」と泣いています。保育者が抱こうとすると、体をひねります。仕方なく少し遠くから見守ります。すると、1歳年上のみうみちゃんが近づいていきました。むーくんの顔をのぞき込みます。むーくんはちょっと顔をそむけます。みうみちゃんは水の入ったじょうろを持っています。その辺に水まきをしています。保育者が、むーくんのしがみついている柵に雨どいを掛けて斜めにしました（りんごの木では遊び用に雨どいを使っています）。みうみちゃんが雨どいにじょうろから水を落としますと、坂になっているので水が流れます。**おや？　むーくんの体の向きが変わりました。**そこに他の子がやってきて、次々水を流して遊びます。すかさず保育者が水の入ったじょうろをむーくんに差し出しますと、受け取りました。**もう、泣いている場合ではなくなりました。こんな楽しい遊びをやらないわけにはいかなくなったのです。**

初めてのとき、ひっくり返って泣く子もいれば、保育者にすがりついてくる子もいる。むやみに走り回る子もいれば、壁に張り付いている子もいます。乱暴にぶって歩く子もいます。それぞれが現状に戸惑い、自分をどうしていいのか分からずにその子なりのやり方で過ごします。

私たちおとなは、子どもに泣かれることに弱いです。泣いている子をなんとかしなければと焦るし、泣いている子が複数いるとあたふたしてしまいます。でも、どうにかしてほしい子もいれば、実は、気持ちを鎮めるために泣いている子もいます。十人十色の心情です。

まず、慌てない。おとなを求めている
子どもから応じていきましょう

2 ひとりぼっちで大丈夫？

一人で遊んでいる子がいると気になってしまいます。早くみんなと遊べるようにしたいと焦ります。

せっかく園という集団生活に入ってきたのだからお友達と遊んでほしいと、保育者も親も思います。でも、実は一人で遊んでいるという現象でも、子ども一人ひとりの心情はそれぞれ違います。

ふうこちゃんは5歳で引っ越してきました。毎日、ずーっと本ばかり読んでいました。保育者も子どもたちも「いっしょにあそぼう」と声を掛けますが「いま、ほんよんでいるから」と言われてしまいます。二週間くらいした頃です。彼女は本を置き、はるこちゃんに向かって歩きだしまし

た。そして言ったのです、「はるこちゃん、あそぼ」って。「うん」と返したはるこちゃんと遊び始めると、次々と友達ができていきました。本という砦《とりで》に守られて、じっと観察していたのでしょう。そして自分から一歩踏み出すタイミングと相手を選んだのです。後に**「あのときは、みんながこわかった。ほんよんでるの、というとほっといてくれたから」**と言いました。

自らの覚悟をするためには時間が必要なときもあります。でも、だからといって放っておいては孤独になってしまいます。大事なのは、時々、「大丈夫ですか？」というプッシュをしながら見守るということでしょう。なかなか難しいですね。いずれにしても子どもは子どもを見ているのです。

すみれちゃんはブランコに並んでいました。とうとう並んでいるうちに集まる時間になってしまいました。「きょう、ブランコにのれなくてざんねんだった」と言いました。どうも表情が冴えません。そこで、どうしてブランコなのかと問い掛けると「なにしていいかわからなかったから」と。更に、

どうして何をしていいか分からなかったのかと探っていきますと、**「ともだちのゆかちゃんとあそぼうとおもっていたのに、ほかのことあそんでいたからさみしかった」**と、最後の最後にホントの気持ちを口にしました。表面上はひとりぼっちには見えないけれど、心がひとりぼっち。そんなときに一番の鍵になるのは、その子の表情です。

5歳児の3学期、なおきくんはよく本を読んでいます。長時間読んでいます。声を掛けづらい感じでしたから、声掛けをしませんでした。お弁当のときも一人だったので、「隣に来ていい？」と聞くと、「ウン」という返事。食べながら「なおきくんは本を読むのが好きね」と言いましたら、ちょっと首をかしげて**「ほんはきらいじゃないけど、すごくすきっていうわけでもない。なにしていいかわからないときによんでいる」**と言うじゃありませんか。本当にびっくりしました。申し訳ない気持ちでもありました。

「じゃあ、何をしているときが好きなの？」と聞くと、「ふつうにあそんでいるときかな」。じゃあ遊ぼうよ、と彼がやりたい遊びを一緒にやろうとみんなに提案しました。大いに盛り上がって満面の笑みを見ることができました。

まずは近くに座るか、観察をしてみましょう。ひとりで夢中になっているのか、なんとなくつまらなそうなのか、気持ちを探ります。夢中なら邪魔をしないようにします。手持ちぶさたや寂しそうならば、「みんな遊んでいるね」「何しようかね」などと本人に寄り添うような言葉をつぶやいてみましょう。心を開いてくれる鍵になります。

「どうしたの？」
「入れてって言ってみたら？」という
声掛けからは、ほとんど本音は出てきません

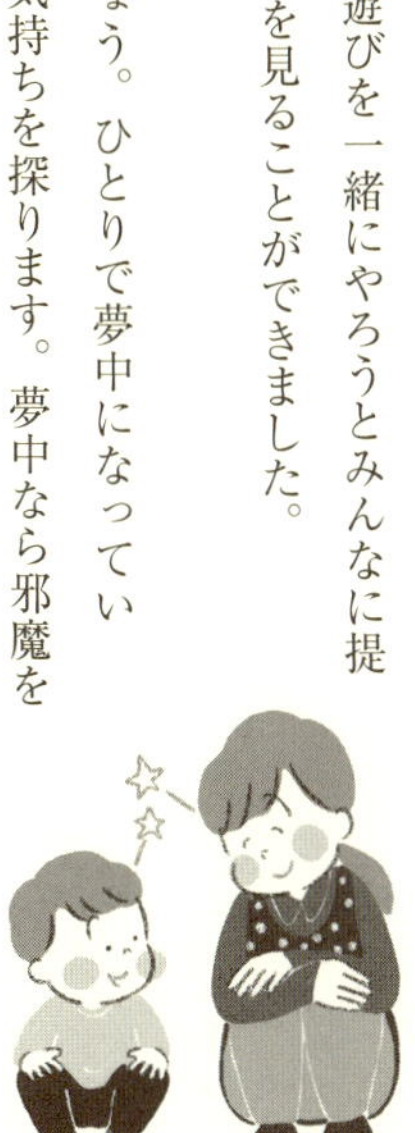

3 いい子なんだけど、表情が楽しくなさそう

保育者の話もよく聞くし、課題に対してもちゃんとやれる。けれど、園が楽しい？ と聞きたくなってしまう子がいます。

いわゆる〝ちゃんとした子〟ですよね。このちゃんとが、無理なくしているのか、かなり頑張っているのかが鍵だと思います。

4歳児のなおちゃんはちゃんとしています。背筋を真っすぐにして座ります。お話を聞く態度も理解する能力も高いようですから、ついつい助手のように頼み事をしてしまったりします。優等生といえる子です。

ある日、なおちゃんの友達のありさちゃんが集まりのときにお漏らしをしてしまいました。ありさちゃんの周りに人垣ができて、保育者が慌てて

後始末をしました。ありさちゃんはトイレに連れて行かれて着替えました。保育者もみんなもありさちゃんを非難していません。ところが、**この光景を我がことのようになおちゃんは感じてしまったのでしょう。**その日から、トイレに頻繁に行くようになってしまいました。

初めは急に頻繁に行くようになった訳が分からず、お母さんにも聞いてみましたが、家では何も言っていないと言います。心当たりがなく、記憶をたどってみたときに、このことが思い浮かんだのです。自分も失敗するかと思うと怖くなってしまったのでしょう。**失敗をしてもいいんだよと言われたって、ちゃんとした子はプライドを失うことのように恐ろしいのです。**

いい子に対しては、尊重し過ぎないこと、過大評価し過ぎないこと、頼り過ぎないことでしょうかね。どうしても、〝ちゃんとしている子〟に〝ちゃんとできない子〟を委ねてしまうことがあります。そうすることは、こういう子には肩の荷が重過ぎることもあります。そして、傷は言葉では修復できません。時間

が必要です。トイレに行くと言うときに「また？」「さっき行ったよね？」なんてことを言ってはいけません。本人の気の済むようにしているうちに、だんだん落ち着いてきます。

3歳で入ってきたひーちゃんはとってもいい子で、トラブルの仲裁までしてしまいます。転んだ子に駆け寄って「だいじょうぶ？」と言います。ところが、〝自己主張、真っただ中〟の3歳児には、〝変な子〟になってしまうのです。ひーちゃんはみんなの遊びを傍観することになってしまいました。

ある日、やんちゃな子がひーちゃんのおもちゃを勝手に取ってしまったときの出来事です。私は取った子を怒らずに、ひーちゃんに「やれー！」と声を掛けました。すると、ひーちゃんは向かっていきました！ **自分の気持ちの扉を開いて、ありったけの力で奪い返しました。**その日を境に、まるで脱皮したかのように、自分の気持ちに真っすぐな表現をするようになりました。

いい子は演じてしているわけではありません。そうなってしまうのです。やんちゃで年中怒られている子は、案外ケロッとしていますが、怒られている子を見て緊張してしまう子がいるものです。誰かを叱った後は、他の子の反応を見ながら、「まったくいたずらでしょうがないね」などと、明るいフォローを忘れずに。

子どもに変化があったとき、根掘り葉掘り原因をつかもうとすればするほど子どもは追い詰められていきます。子ども自身、心情を自覚していないときが多いのです。〝思いは深く、言葉は軽く〟くらいで接するのがちょうどいいかもしれません。

園にはいろんな子がいます。一見〝いい子〟の心の扉を開いてあげることも必要

4　わがままはそのままで大丈夫？

2・3歳児はわがままです。でも、人を傷つけたり、相手の気持ちを理解しようとしたりしない自分勝手とは違います。子どもの「わがまま」は、「私のまんま」なのです。

みんなが椅子に座った後にやってきたともちゃん。テーブルに5人も座っていて隙間がないのに「ここにすわりたい」と椅子を引きずって来ました。

「このテーブルはいっぱいだから、他の所にしてね」と私が言いましたら、「ここがいい」。仕方なくテーブルの一辺の空いていた所に、「じゃあ、ここね」と言うと「そこじゃいや、ここ」と、既に二人いる

所に。
　これって、わがままじゃありません？　おとなはわがままはいけないことで、我慢して人に配慮できる人になってほしいと望みますよね。まったくーとあきれていましたら、**子どもたちは無言でちょっとずつ椅子をずらし、隙間をつくりました。三人掛けにしたんです。**狭いですけど、ともちゃんは満足げに座りました。

　その日は、〝料理保育〟で作ったふりかけをご飯に掛けて食べることにしていました。小エビやかつお節、ごま、小魚、青のりなどをすり鉢ですって作った、栄養たっぷりのふりかけです。ところが、いざ食べようとご飯をお茶碗によそったら「これきらい」とまあちゃん。え?!　だって、さっきつまみ食いしていたじゃない、とあきれて言葉も出ません。そしたら、他の子が言うんです。「まあちゃんにのりだしてあげて」って。ついつい、出してしまいました。**他の子は「ずるい」とも「わたしも」とも言わなくて、**穏やかな食事になりました。

4歳児のこうくんが野菜が嫌いで食べられない。暗い表情の彼の気持ちをどうしたらいいか、みんなで話し合いました。「やさいがたべられないから、おやすみしたくなっちゃう」「たべられるのは、おいもだけ」。みんなで頭を抱えてしまいました。「こうくんは、のりが好きだから、ぜんぶのりでまいちゃえば」「だいすきなおもちゃだけをみていれば、たべられるかも」「ちかくにいるたべられるひとにあげちゃうといい」「のこすっていえば」。なんと、「かみにくるんですてちゃいな」というのまで提案されました。

子どもってすごいです。わがままの否定や強要をしないのですから。そのままを受け入れてなんとか協力してあげる。わがままを押さえつけようとしている

私が恥ずかしくさえ思えてしまいます。

今は、自分の気持ちしか見えない、自分中心に地球が回っているくらいに思っている時期なのです。でも、わがままはそのまま貫けません。5歳児ともなると、威張り過ぎとか、勝手にルールを変えた、などともめることがあります。その自分勝手なわがままは、仲間の中で矯正されていくものです。年齢と共に、客観的に自分を見つめるようになりますから、心配ご無用。

自分が大事と思える人は、他の人を大事にすることができます。形だけのわがままを矯正しても、芯の部分には響きません。

人間の芯の部分はわがままなのです。
言い換えると「自分が大事」という芯です

5 どうしたら片付けるようになるのでしょう？

言わなくてもやってくれたらどんなにうれしいでしょう。

「そろそろ片付ける時間です」と毎朝叫びます。まじめでありがたい子が数人片付け始めますが、全く聞く耳もたずで遊び続けている子もいます。かと思えば、「おしっこ」とトイレに行く子もいます。嫌だからちゃっかりと姿をくらますのです。そして、まじめにやっている子は逃げる子たちに「ずるい！」と言います。

かつて勤めていた幼稚園では、片付けの時間になると全館に音楽が鳴りました。すると条件反射のように、子どもたちは片付け始めます。驚きました。なかなかいい方法だと初めは思いましたが、

動物を調教するようなやり方がちょっと心に引っ掛かりました。

大きな声で怖く「片付けなさい！」と強要する方法もありますが、毎日やっていると、自分の性格が悪くなっていくような気がします。

そこで「さあ、片付けよう！」と声を掛けて、音楽を口ずさんでみます。せかすような、運動会でバックミュージックに使うような曲です。これも、なかなか効果的で、ついつい体が反応して片付け始めてしまうようです。

「さあ！　誰が一番早いかな？」と競争心をあおるやり方も効果はあります。**どれも、一時的な効果はありますが、子どもの気持ちを飛躍的に変えるには至りません。**

保護者から、どうすれば片付けるようになるのかと相談も受けます。どうやら永遠のテーマのようです。

考えてみると、自分の机の上がきれいになったのは…中学生？　何でもかんでも部屋のそこここに置いて、「ちゃんと、自分の所に持っていって！」と親に言われていたのは、ついこの前？

そこで考えてみるに、整理整頓が好きな動物は滅多にいない。いや、いない。つまり、生まれて間もない子どもたちは本能が優先していて、人の文化はまだ身についていないという結論に達しました。**すると、片付けてスッキリしたいのはおとなの私？**

私がしたいことを、したくない子どもたちを巻き込んでやっていくということなのだ、と妙に納得。繰り返していくうちに、人間の文化が身についていくのではないかと気長に思えるようになったのです。

「さあ、片付けるよー」と、集まりたい20分前頃に声掛けをします。そして、自ら率先して片付け始めます。その空気に子どもたちもやり始めます。片付ける習慣がついたのは5歳児の後半にやっとという感じです。長い!!

サッサと片付ける子にするのは、永遠のテーマくらいに難しいことなのです。「片付けなさい！」「片付けてくれる？」「チャンチャーン　チャカチャカと音楽にのせる？」こういうことに正しいやり方はありません。あの手この手を楽しみながらお試ししてもいいんじゃないですか。

言葉で命令して子どもを動かすより、
一緒にやるほうが
自然と身についていく気がします

6 どうして物を大事にしないのでしょう

今の子は物を大事にしない。物に溢れた暮らしになったから、壊れても買えばいいくらいに思っているといわれます。ごもっともでもあります。

確かに物に対する執着は希薄かもしれません。壊れると「買えばいいじゃん」と言います。腹が立ちますが、**どうも子どもの大事な物とおとなの大事な物がずれているような気がします。**だって…、ボロボロになったぬいぐるみを抱えています。並んでいる椅子の中でも、新しくて光っているものを奪い合います。空き箱で作った電車を壊されると怒ります。自分が見つけたザリガニを他の子に捕られると「おれのだったのに！」と命を掛けて叫びます。おとなが「大

事にしてね」という物とは随分違います。自分の気持ちを込めた物は大事にしているということかもしれません。

以前、「クリスマスプレゼントは何が欲しい？」と聞いたことがあります。すると、キャラクター物やゲームなど市販されている物を言いました。お金で買える物ばっかりです。

がっかりした私は「じゃあ、宝物がある？」と聞きましたら、石とか、誰かからもらった折り紙だったり、磨いた木の枝だったり、泥団子などを口々に言いました。**子どもたちはちゃんと大事に思う気持ちをもっている。**それもおとなのようなお金の価値観とは違う、もしかしたらホントの意味の心の込もった価値観かもしれません。

そう考えると、子どもの周りには、雑に扱うどうでも

いい物が散乱し過ぎているのかもしれません。

保育のときにいつも私が着ているトレーナーがありました。ちょっと大きめの濃いピンクの服です。覆い隠すし、汚れてもいいから保育向けにしていました。

あるとき、一人の子が油性ペンを使っていたときに、私の服に描いてしまいました。シュッと線が走ってしまったのです。それを見たけんたくんは**「なにやってるんだよ！　そのふく、あいこさんのおきにいりなのに！」**と言ったのです。ホントに驚きました。けんたくんは私が毎日着ているのは、お気に入りだと思っていたのです。そして、描いてしまった子を怒ったのです。そんなふうに私の服を見ていてくれたなんて、うれしかったです。

〝私の価値観〟とは違っても子どもが大事にしている物は、「好きなのね」と声を掛けてあげたいです。そして、「私はこれが好きなの」と自分も見せていきましょう。それが、物を大事にすること、その人の気持ちを大事にすることにつながるでしょう。

私にとって大事な物を持っていることが、
他の人の大事な物を尊重してあげられることに

7 みんなの物よ

園生活の環境は圧倒的に「みんなの物」に囲まれています。
部屋も、遊具も、本も、折り紙も、どれもこれも使っていいけれど…

トイレの中に二人こもっているようです。出てきたと思ったらセロハンテープを持って、また入って行きました。かなりの時間になりました。そして、ションボリ出てきました。「壊れちゃったから、ごめんなさい」。

トイレの中に入ってみると、ぬいぐるみをおんぶするときに使うひもが切れていました。その周辺には細いひもや糸、セロハンテープが散乱していました。ドキドキしながらあれこれ手を尽くしていた二人の姿を想像すると、怒る気にはなれませんでした。**「直そ**

うと思ったのに、うまくいかなかったね」と、一緒に片付けました。

遊んでいたら壊れちゃった、破れちゃったというのは、日常的に起きることです。でも、そうなってしまったときの子どもの心臓はドキドキ、バクバク。怒られる、どうしようとパニック。その結果、謝ろうと思いつく子もいるし、逃げようと思う子もいる、なかったことにしたいと知らんぷりを装う子もいるでしょう。

でも、子どもで、平然と知らん顔できるふてぶてしさはないでしょう。その気持ちは分かります。けど、やってしまったことは、バレてこそ落ち着くものです。どことなく、表情や態度が怪しさを醸し出しています。

「誰！　これ壊したの！」「どうして、破いちゃったの！」と強く叱っても起きてしまったことです。本人が一番ドキドキしています。そのことに罪悪感をもたせてしまうと、今後は怒られるから隠すことになっていきます。**保育者は少し冷静に話し掛けて、子ども自身がどうしたらいいかを考えられるくらいの余地を残してあげたほうがいい**ですね。

「これ、壊れちゃったんだ」でもいいし、「これ使えなくなって悲しい。どうしたか知っている？」と穏やかに聞いてもいいでしょう。謝らせるというより、やってしまったことを隠し通す息苦しさからは解放してあげたいですね。

4・5歳児であれば、「わざとじゃないんだけど、絵本読んでいたら破れちゃったとき、どんな気持ちになる？」と聞いてみましょう。そして「その後、どうする？」と、みんなで話し合うテーマにするといいですね。道徳的な正解を示すのではなく、体験したことを言葉にすることで、気持ちを共有できます。後始末の仕方も心得ることができます。「ごめんなさい」を強要すると、「あやまったもん！」という安易な解決法になりかねません。それを大事にしていた人がいたこと、みんなの物が壊れると悲しいこと、作った人の気持ちがあることなど、**物の背景に人の気持ちがあることに気付いてほしい**ですね。

〝みんなの物〟ということがピンとこない年齢や状況のときは、持ち帰ってしまうということも起こります。ルールが身につくまでは親にも協力してもらって、黙って持ち帰ってはいけないこと、園のものは園で使うことを教えましょう。どうしても持って帰りたい場合は「借りる・返す」という方法があることも伝えるといいですね。

4・5歳児なら、みんなの物なので、みんなの了解を得てから持ち帰るというルールにしてもいいでしょう。

思い掛けない失敗が、子どもの気持ちを育てます

8 友達にちょっかいを出して、トラブル続出

こういう子、いますよね。さて、どうしましょう。
つなぎは保育者のあなたに任されているのかも？

あーくんは、たかやくんにちょっかいを出します。出されたほうは「いみわかんない！」から怒りだしてしまう。やがて取っ組み合いのけんかに発展。毎度、どちらかが泣いて終わります。これって、**あーくんの〝たかやくんとなかよくなりたい〟というちょっかい**に決まっていますよね。で、これを数回繰り返すと、たかやくんにも気持ちが通じて遊び始めるというのがおおよそだったのですが、そううまくはいきませんでした。あーくんは、たかやくんからどんどん嫌

われてしまうのです。タイプが違い過ぎました。
あーくんは子犬のような無邪気な子、たかやくんは静かにじっと何かに取り組むのが好きな子。このままだと、たかやくんは、自分を脅かす嫌な子と、あーくんに脅えてしまうかもしれません。ここは距離をもたせるしかないのでは？　たかやくんがあーくんを客観的にながめて、知ってほしいですからね。あーくんに他の子に興味をもってもらうためには、同じようなタイプを近づけるよりないかもしれません。保育者は仲人でもありますね。でも結果、数か月後には二人は一緒に遊び始めたから不思議！

けんちゃんは、人の持っている物を使いたくなってしまいます。そんなにすんなり貸してあげる子はいませんから、物の取り合いになります。体が大きいので、見守っているだけだと一方的な暴力になりそうです。私にできることは、頭にきているけんちゃんを抱きしめることだけ。「使いたかったたね」「貸してくれなくて頭

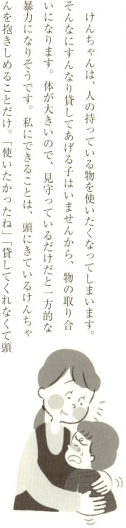

にきたね」と。ともかく、彼の思いを受け止めて冷静になってもらうしかありません。相手は何が何やら…なので、「ごめんね。けんちゃん、訳が分かってないと思う」と私からひと言。

それを繰り返しているうちに、けんちゃんは他の子の物を使いたいとき、私に言いつけに来るようになりました。パニックにはならないのです。一緒にその子の所に行き、「けんちゃん、それ使いたいらしいんだけど、貸してくれる?」と私が聞きます。「だめ!」と相手が言うと「残念だったね、だめだった」とけんちゃんに言いますが、暴力的にはならなくなりました。そのうち、ちょっかいも出さずに友達ができていきました。いったい、何だったのでしょう? それをけんちゃんは言葉にしてくれました。**「あーなっちゃうと**

きはね、さみしいときなの。あーなっちゃったときに、あいこさんがだっこしてくれた』。子どもの気持ち、分かりにくいけど素敵です。泣けちゃいました。

「そんなことやったら嫌われちゃうよ！」なんて脅かすのはやめましょう。その子にとっては、他の方法が見つからないのです。「なかなか分かってもらえないね。遊びたいのにね」とひと言つぶやけば安心します。安心すると他の方法が見えてきたりします。自分の気持ちが伝わらないというのは、寂しさを抱えてもいます。人に興味のあるいい子なのです。

ちょっかいを出すのは悪い子ではありません。
思いを表現するのが下手なのです

9 どうして乱暴な言葉遣いをするのでしょう？

言葉を覚えたかと思えば、次々出てくる悪い言葉遣い。ホントに子どもが濁っていく気がしてしまいますね。

3・4歳児は「うんち」「おしっこ」「ちんちん」「おっぱい」の連発。5歳児になると「きもい」は当たり前、「うざい」「しね！」「ぶっころしてやる」など小学生なみの悪い言葉遣いが登場することさえあります。

私は保育者になって45年たっていますが、子どもの言葉の悪いのには、ずーっと頭を抱えています。

3歳児で日本語を知らないドイツ人の子どもが入ってきました。その子がまず覚えたのは「みてみて」、トイレの中から「でたー」、

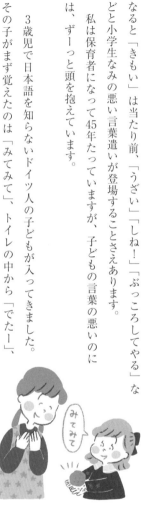

そして「ばか」でした。**言葉は必要性のあるものから覚える**でしょうから、もう3番目には「ばか」なんでしょうね。使ってみると相手より強くなった気がするのか、相手の反応がおもしろいのか、言葉自身の発音が心地良いのか、本当のことはよく分かりませんが、魅力的なことは確かでしょう。「うんち」「おしっこ」に関しても初めはどうしたものかと悩みましたけど、使ってはケラケラ笑い転げているし、一応5歳児になると治まってもくるので、目くじらは立てずに無視してきました。それに、「駄目」と言うと目の届かない所で、もしくは目をかすめて連発しているんですから、もう、お手上げ以外にありません。

どうにもこらえられないのは、「うざい」「きもい」あたりからです。今やおとなも使うくらい普通に使う言葉に仲間入りしているようですが、私にとっては、ついこの前まで聞き慣れない言葉でした。初めの頃は「その

言い方は嫌い」といちいち言っていましたが、親たちが使っているのを聞いて、〝言葉は世の流れ〟と目をつむるようになってしまいました。

まりちゃんが4歳児で転園してきました。神経を張り詰めた表情をしています。トラブって切れると「ぶっころしてやる！」と叫びます。これには驚いたし、無視はできません。「そういう言い方はやめて！」と真剣に強く言いました。でも、何度も繰り返します。どうしていいか分からずに母親と話すことにしました。赤ちゃんのときから育てにくかったそうです。すぐ泣いてしまい、安眠する時間も短かったとのこと。神経過敏な子どもにとって、転園してきたことで、周りは敵だらけなのかもしれません。**自分を守るために思いついた最高の言葉なのかもしれません。そう思うとけなげで切ないです。**でも、だからといって、いいとは言えません。たとえ言った子どもが不快に思っても、おとなが我慢する必要はないと思います。「そんな言い方はやめなさい」って、言い続けました。やがて、時と共に言わなくなっていきました。段々、みんなが敵ではなくなってきたのでしょう。小学生になった彼女は、遠くから私を見つけるとにこにこ駆け寄って来てくれます。

一人のおとなとしてのこだわりはあっていいです。いろんな基準をもっているのが人間ですもの。保育者同士でさえ、言葉遣いや、言葉のこだわりは違います。統一するより、個々の人柄を出していいと思います。

今使っている言葉は永遠ではなく、
年齢と共に、
時代と共に変わっていく〝なまもの〟です

10 園生活のトラブル、ズバリ第一位は〝取り合い〟！

おもちゃや遊具など、人数分そろっていなければ起きるのが取り合い。

先に使っていた人に権利があるなんて、3歳児まではないルール。折り合いをつけていくのは4歳児くらいからかもしれません。それでも、日々取り合っている姿を目にします。

3歳児のそうくんが砂場で大きなシャベルを持って山を作っていました。そこへやってきたまーくん。そうくんの持っている黄色いシャベルを取ろうとします。

「だめ」と力を入れるそうくん。無言で奪い取ろうとするまーくん。「ここにも同じのがあるよ」と言う保育者の声には耳を貸しません。だって、そうくんのシャベ

ルが欲しいのです。とうとう年齢的にも力も強いそうくんの手にシャベルは残りました。

ところがです。まーくんはそうくんに向かって泣き続けました。「かしてくれー」と叫ぶかのような声、目はそうくんからそらしません。困ったそうくん「もう、ぼくがさきにもっていたのに…」と、困り顔で、まーくんにシャベルを貸したのです。**〝そうくんが好き!〟っていう、アピール**だったのですね。それに応えてもらって、ご満悦のまーくん。その後も二人は仲良しです。トラブルから生まれる関係は、子どもに多いです。

キャンプに行った5歳児たちが、たき火を囲んでいたときです。火ばさみを使って木片を投げ入れていたけんくんが、そばにちょっと火ばさみを置きました。それを見つけたあきくんが、使い始めてしまいました。けんくんが「それぼくの!」と慌てて取り返そうとしたら、あきくんは「おいてあったからぼくがつかった」と言い張ります。こういうことって、頻繁にありますね。けんくんは泣き始めてしま

いました。あきくんは知らん顔して使っています。

それも見ていたおとかちゃん。おとかちゃんは虫に詳しく、「これなあに?」と持ってくる男の子がいるほど、一目置かれて信頼を得ています。そのおとかちゃんが、泣いているけんくんに近づきました。「わたしがあきくんにはなして、もってきてもいい?」と聞きました。「うん」とうなずいたけんくん。おとかちゃんはあきくんの所に行きました。「それ、かしてくれる?」と言うと、すんなり火ばさみはおとかちゃんの手に。それを持ってけんくんの前に行くと、「はい」と手渡しました。キツネにつままれたようにながめていたあきくんが怒りだしました。「それはぼくのだ!」。

すると、おとかちゃんがあきくんの正面に立ち、**「かしてあげて。ちょっとだから…、かしてあげて」**とあきくんの胸に手を当ててトントンと叩きました。すると、あきくんは「うん」とおとなしくうなずきました。

思いもしないやり方!「おー、あねご!」と声を掛けたいほどでした。子どもが子どもの仲裁をするやり方はお見事です! これを保育者がやっ

たら、誰かにモヤモヤが残りますよね。

どうしても、早く仲直りさせてしまいたくなってしまうおとな。「どっちが先に持っていたの？」「代わりばんこね」「じゃあ、少しやったら貸してあげてね」「じゃんけん！」と仕切っていませんか？

余計なことは言わず、それぞれの子どもの気持ちを言葉で通訳してあげましょう。「（片方を見て）あなたも使いたいの。（もう片方を見て）あなたも使いたいの。困ったね」で十分です。おとなが仕切り過ぎると、子どもの解決能力を奪ってしまいます。困っているのは子どもたち。解決するのも子どもたちだということを忘れずに！

物の取り合いはコミュニケーションの一つ。
おとなの仲裁が邪魔をしないようにしましょう

おまけ

「まだだから…」

――言い方、大事♡

第2章 保育者とのコミュ力

1 話し下手だけど、うまく伝えたい

〝伝えたい〟という気持ちが大事なんです。
発しないでは、何も始まらず、何も伝わりません。

「おもしろかった」「困っちゃったんです」「聞いてください。すごかったんです」などと、自分の心の動きを、まず言ってしまいましょう。うまく伝えようと思って、いろいろ考え過ぎると、言葉や文章は整うのだけど、時間がたち感情が見えにくくなってしまいます。これは保育者に対しても同じ。

「今日〇〇ちゃんたら、おもしろかったんですよ」と初めに言ってしまうと、相手もおもしろいことなんだと聞く姿勢ができます。それから、落ち着いて、あった出来事のイメージを浮かべながら話します。心が感じているうちはイメージが浮か

びやすいです。同僚ならば想像もつくし、興味をもってくれるでしょう。

うまく伝わったかどうかは相手の表情で分かります。伝わっていないようだったら「あー、ごめん。ちょっと整理してからにしますね」と、その後、手紙やメールにしてもいいですね。まずは、聞く人に、あなたの気持ちを想像しようと思い巡らしてもらうことが大事。コミュニケーションは、報告ではないですからね。いずれにしても発しないでは、何も始まらず、何も伝わりません。

かつて、しゃべるのが嫌いな保育者がいました。その人はイラストが得意で、毎日、〝保育絵日記〟を書いて、保育者や親に渡しました。保育の様子がよく分かるし、おもしろいと評判でした。どういう形でもあなたらしい表現でいいのです。

気持ちを伝えるのにうまいも下手もありません

2 周りの顔色ばかり見て保育している自分が嫌

それは、〝顔色見ないで突っ走るほどの勇気〟と〝自分〟がないのかもしれません。

ホントよね。顔色ばかり見ているとどんどん自分の感情に蓋がされていきますものね。でも、考えてみると、〝顔色見ないで突っ走るほどの勇気〟と〝自分〟がないということでもありませんか？

例えば、子どもが思うように並ばないとき、「怒るべき？」それとも「静かに言い聞かす？」。さあ、どうあるべきかと立ち往生。「だからなめられちゃうのよ」って言われるかも？　いやいや、「怒って言い聞かせるなんて最低」とか言われちゃうかもしれない。しらっと見ている先輩の視線。あー。もう嫌になっちゃいますよね。で、**ひと言、聞いてみましょう。**「こういうときって、怒ったほうがいいですか？」っ

て。ついでに、「ちょっとやってみてもらえませんか？」と見本を示してもらいます。**「そうやるんですね。先生すごい！　ありがとうございました」って言うのはいかがですか？**

もしくは、後で、「今日、困ったんですけど…」と状況を伝えて聞くのもいいでしょう。実は、先輩はそれを待っているはずです。だって、あなたのやり方にやきもきしているのですから、絶対「私だったら…」があります。「自分で考えなさい」と言われてしまったら、その人は自分のやり方に自信をもっていないか、説明できないか、見て学べと思っているのか。そのときは「考えてみます」と言って、今後、聞かないようにしたらいいのです。

顔色見ながら、学べばいいのです。
そのうち自分らしいやり方が生まれてきます

3 失敗が怖くて挑戦できないときには

失敗はしようとしてするものではなく、失敗してしまうのです。

もともと、失敗しそうなことには挑戦なんかしなくていいです。そんなの私だって怖いです。思わずやってしまって、失敗！　となるものです。

まだ、保育者になったばかりの頃、４歳児を担任しました。ちゃんとしゃべれるし、話も通じるので、私はすっかり偉い先生になって、子どもを支配しようとしていた気がします。「並んで！」と言えば、並ぶ。「静かにしなさい」と言えば、しゃべるのをやめる。

一斉保育のときに、絵を描かせることになっていました。画用紙を一人ひとりの机の上に置いていきました。すると、たけちゃんが画用紙を床に投げつけました。「何やってるの！」と怒りました。だって、怒る以外に言うことを聞かせる方法を思いつかなかったのです。すると、たけちゃんはもっと怒り、画用紙をビリビリに破り始めたのです。もっとどうしていいか分からない私は、たけちゃんを保育室からつまみ出してしまいました。保育室のドアをピシャンと閉めると「ワーン！」とたけちゃんの大きな泣き声！ **「しまった」と思いました。** ドアを開けて中に入れました。**「たけちゃん、描きたくないんだね」** と、初めてたけちゃんの気持ちが分かりました。「描かなくていいから、部屋の中にいなさい」と言いました。

　こんなふうに、失敗して気が付くことがたくさんありました。おとなでも子どもでも同じですね。そのことを「失敗は買ってでもしなさい」というのでしょう。

失敗すると見えてくるものがあるのも事実です。失敗にこだわる必要はありません

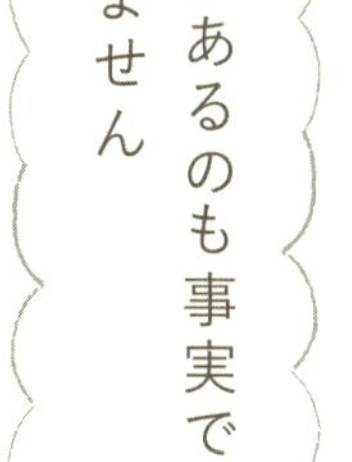

4 気を落としている相手を励ましたい

人は心が元気になれば自ら立ち上がります。
そのために寄り添う（思いを掛ける）人が必要です。

ついつい気落ちしている人を励ましたいと思い、根掘り葉掘り事情聴取してしまいがちです。話したいと思っている場合はいいのですが、まだ、悩みが混沌としている場合は話したくないものです。

子どもに「何があったの？」と聞くと、話したくない場合は「わすれた」と言います。おとなは、親切にされているのに「聞かないで」とは言えません。ふれてほしくないときもあるので気を付けましょう。

3歳児が、泣いている子を見ると黙って近づき、背中をさする姿を目にすることがありませんか？　あれ、あれです。かねがね、あれに勝る慰め方を知らないと感

心しています。

おとなだったら、どうしましょう…？

「このお菓子おいしいから、よかったら食べて？」くらいはいかがでしょう。**重たい気持ちに風を吹き込むのは、関係ない声掛けと甘い物かも。**

肝に銘じたいのは、あなたが解決する人ではありません。人間、心が元気になれば自ら立ち上がります。そのために寄り添う（思いを掛ける）人が必要なのです。酷なようではありますが、温かく見守る以外、他人にできることはありません。

その人が〝明るくなればそれでよい〟くらい思えるなら気にしましょう。〝心配してあげているのに〟と思う気持ちがあるなら、余計なお節介はやめましょう。

気落ちしている人の心に
ズカズカ踏み込まないように！

5 ひとりにしてほしいときには

毎日顔を合わせている狭い職場。
仲良し関係になると、余計、距離感が狭くなりがち…

だいたい女子は、仲良しはトイレまで一緒に行くという過去をおもちの方もいるでしょう。でも、「ほっといて！」と叫びたいことはあるはず。だけど、そんなことしたら関係が悪くなりそう、二度と話し掛けてくれなくなりそう、と心配だから、言えずに疲れ果ててしまう。

いい方法はね、マスクをしましょう。自分を守る小さな布です。口数が少なくなっても大丈夫。「風邪引いたの？」と言われたら「ちょっとね」とコンコンとすればいいのです。相手もうつりたくないから、身を引くかもしれません。トイレに籠もるのも一つです。長トイレで息を整えましょう。「おなか壊しちゃっ

て」と言えばいいですよね。ちょこちょこ入っても言い訳はできます。

反対に、すごく忙しそうにセカセカ働く。掃除は庭を掃いたり、ひとり黙々とできることを選びます。実は掃除は話さずに黙々とやりやすいものです。

子どもだって、ひとりにしてほしいと思っていることがありますね。そんなとき、子どもたちは本を砦にして読んでいたり（読んでいる振り？）します。他にもブランコの列に並んだり、泥団子をしたり、声が掛けにくいことをちゃんと選んでいるようです。「ひとりぼっちがいいんじゃない。ともだちがいやなんじゃない。いまはひとりがいい」と、ちゃんと言えた子もいます。

子どもに負けず、おとなも自分を守る方法を見つけていきましょうね。

そっとしてほしいときは誰だってあります。
〝近づかないでオーラ〟を出しましょう

6 嫌われたくないから言えない

言ったら嫌われるなんていうのは、既にいい関係ではありません。うわべだけの「いい関係」を保つより、あなたの本音を出すほうが、ずっとスッキリ爽やかです。

保育や子どもに関しては、議論することで育つことが多々あります。子どもの保育をしているはずなのに、子どもから育ててもらっていると実感することがありませんか？　同じように、同僚から、先輩から、後輩から育てられることが実はいっぱいあります。

私なんか、上司にいつもストレートでした。

「雨の日は外で遊んではいけません」という主任に、「なんでですか？」と正直に聞きました。「風邪を引くからですよ」の返事。「風邪はどうして引くのだろう」とい

う疑問が。そして、調べました。その結果としては、雨にぬれたから風邪を引くのではないと分かり、その旨を主任に話しました。そして、外で遊んでも良くなったのです。その後、主任と関係が悪くはなりませんでした。私自身は主任に言われてカチンとしたわけではなく、素朴な疑問を質問しただけです。そのことで自分も学びがありました。**余計な心配をして言えなくなってしまうのは、残念**じゃないですか？

自分にとって当たり前なことや違和感があることは、他の人と同じではありません。お互いが違うことで共に育ち合うのは、子どもだけではないのです。

同僚の噂話や陰口は論外です。陰口で仲間がつながるなんてことは、保育者としてあってほしくないです。人間の質を下げます。

嫌われたくないあまり慎重になり過ぎると、
あなたの人柄が見えなくなってしまうかも

7 保育観が違うと感じたら

もともと、人が違えば、感じ方や考え方は違います。

子どもは十人十色といいながら、保育者集団は一つの色にしなければと感じている人が多いのはなぜでしょう？　同じだとやりやすいから？　お互いに不快感をもたないように？　目立ちたくないから？

そうなると力関係の強い人に言われた通りにやるということになりがち。それは「やらされている」ことになり「やっている」ことにはなりません。子どもでも同じですが、自分の気持ちがやりたければどんどん吸収し、発展していきます。やらされていると感じた途端、物事がつまらなくなり意欲的ではなくなります。同僚が生き生きと保育でつながるのが理想ですよね。そのためには、本音で語る習慣をつけましょう。**お互いに鎧《よろい》を脱ぐことが、はじめの一歩。**

次は子どものいい話で盛り上がりましょう。「今日さ、うちのみいちゃんたら…」ってな調子。みんな子どもに興味があるからこの仕事に入ってきました。だから、子どものたわいもない話が盛り上がるんです。**保育観より子どもの話をすると遠慮がなくなり、一緒に保育を楽しもうと思えるから不思議**です。

本音で話す癖がつけばしめたもの。言葉が行き交います。「あなたって、そう考える人よね」なんて認められてもきます。

お互いの違いを受け入れて、バランスをとる。子どもたちのようにね。折り合うしかないときも多々あるでしょう。でも、その話し合いが保育のしっかりした土台になっていくのです。

子どもの話で盛り上がろう！
気持ちがつながり保育観が広がります

8 仲良しの同僚であっても、仕事は堅実にしたい

だいたい、仲良くなくてもいいんじゃないですか？
仕事場なんですから。こんなこと言ったらバッシングかしら？

女性が大半の職場では、何かと仲良くすることが求められています。そこで、空気を読み好感をもたれるようにしてしまう気持ちは分かります。

私は5年で幼稚園を辞めて、一般企業に勤めたことがあります。ほぼ女性、かなりの人数がワンフロアで仕事している所でした。仲良くという気持ちは全くなく、私を指導する上司は年下でした。後に「年上の新米が来てやりにくかったですか？」と聞きましたら、「初めは年上か～と思いましたけど、仕事上は全く気になりませんでした」とのことでした。日々ビシバシでした。

二か所目の幼稚園を辞めて、保育雑誌の編集の手伝いをしていたとき、職場はほぼ男性でした。現場を知らない上司に突っ込まれると、説得できない自分が歯がゆく泣いたこともあります。人を説得するには、かなりの力量が必要と肝に銘じました。

仲良しの職場は居心地がいいに決まっています。居心地がいいと、仕事上の突っ込んだ会話がしにくくなるのも事実です。

でも、**仲良しだから仕事を始めたわけではなく、保育の仕事をしたくて出会った仲間なんです。ここが根っこです。**襟を正して、ちゃんとプロになりましょう。

でもね、プロ意識は高いけどツンツンしている職場は嫌です。登園拒否になってしまいそう。ほどよい柔らかさとほどよい芯をもてるプロに！

友達づくりのために就職したわけではありません。仕事で出会った仲間です

9 迷惑を掛けてしまったとき

そもそも、「人に迷惑を掛けてはいけない」と教えられ過ぎてきたと思います。

もともと、人間は群れてこそ生きていける動物、言い換えると群れてこそお互いが支え合って生きていけるということです。迷惑を掛けないということに過敏になっている現代、人に心を開けずに孤独を抱え込んでいる人がたくさんいます。病気になる人もいます。子どもたちもSOSを発信することが下手になっていると感じます。

迷惑を掛けていいのです。迷惑を掛けない人生は苦しく、孤独です。

迷惑を掛けられる人間関係をもっている人は、(その生きやすさに)感謝です!

助けていただいたら素直に「すみませんでした。フォロー、ありがとうございました」はちゃんと伝えましょう。迷惑は掛けていいですけれど、迷惑を掛けたという自覚はもちましょうね。

迷惑を掛けられたほうだって、解決できたり、困った人が感謝してくれたりすると、案外、達成感。いい気持ちになります。更に人に喜ばれると、「大丈夫よ、また頼ってね」という気分にもなります。「迷惑を掛けてくれてありがとう」くらいの気分になるときさえあります。

フォローしてくれた先輩がいるなら、きっとその人も若いときに先輩に迷惑を掛けてきたのでしょう。いま、そのときのお返しができたのです。困ったときは助けてもらい、また次の人に返していく。これでうまく回っていくのがいいです。

迷惑を掛けながら育っていくのが人間。子どもを見てご覧なさい。迷惑だらけです

10 後輩に耳を貸さない先輩

だいたい、人間、偉そうにするのが好き。教えたい、支配したいというのは人間の本能にあるのではないかと思います。

あなたは子どもに対してこんな態度、とってはいませんか？　「こうすればいいのよ」「早くしなさい」「だから、言ったでしょう！」。そんなとき、子どもはどう思っているのでしょうか？　「ぼくのはなしもきいて」「だって、これしてからやろうとおもっていたのに」と、きっと子どもなりのつもりや言い分があるかもしれません。

立場が上の者や強者は、ついつい、よかれと思ってアドバイスしたり、注意したりしますけれど、立場が下の者や弱者にも、気持ちがあるのです。子どもの気持ちを尊重するのが私たちの仕事です。そして、子どものつもりに目を向け、

その子を尊重することで、その子の育ちがあります。

先輩が耳を傾けてくれなかったら、自分を振り返るいい機会です。多分、関係が良くなってきたら「でも…」とか「私だって…」と言えるようになるのでしょう。子どもとの関係も然りです。

いつまでも発言しにくいようなら、あきらめましょう。〝私は、後輩に耳を貸す先輩になる！〟と、その時が来るまでため込んでいってください。

誰だって押しつけは嫌です。誰だって、尊重されたいです。強者になると、ついつい忘れがちになり、よかれと思って支配しようとしてしまいます。時々、自分を客観的に振り返ることを忘れずにいたいですね。


いま、自分の立場で感じたことを肝に銘じましょう

11 理想と現実とを感じたとき

先輩を変えることよりも、まずできる範囲の中で納得できる自分のクラスにするということです。

現場を長くやってきた人には自信があります。今の時代に合った保育を国は示しますが、毎日子どもと接していたら、そんなうまいことにはならない。現場には現場のやり方が…と譲らない先輩は、いっぱいいます。若い人や変えたいと思っている人は、頭は理想を描き、体は現場に縛られ、心は戸惑うという現状を抱えます。

私も、随分振り回されてきました。そして、**行き着いたところは「目の前の子どもを見よ」ということ**でした。本来、園の主役であるのは子

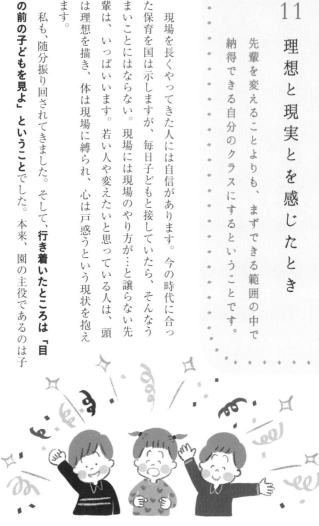

どもなんです。私流にいう「心に添う」ことにしてみました。

先輩を変えることよりも、まずできる範囲の中で、納得できる自分のクラスにするということです。一人ひとりの子どもが、何を感じ、何を考え、どう育とうとしているのかしっかり見ましょう。

子どもが、〝毎日来たい〟〝楽しい〟と思えるクラスにするためには、正しさだけではだめなんです。だから、思うことをやってみたらいいと思うんです。

その後、注意されたり、褒められたり、いろんなことが起きるかもしれませんけれど、実感をもって自分の保育を修正していけばいいんです。楽しそうな子どもと担任の姿が、他の保育者の保育観を変えるかもしれません。

子どもを通して、納得のいく保育観を見つけていきましょう

12 先輩に意見を言いにくい

後輩は〝言う〟ことで自分の考えを整理できる。
コミュニケーションは育ったための肥やしです！

保育の職場は、どうしてこうも縦関係なのでしょう。先輩に話しにくいと若い人は言い、先輩は後輩にもっと発言してほしいと思っている。これって、日本の縦社会が色濃く残っている職場ということですかね。まあ、長いこと日本文化は、上を敬うことが大切だと教えられてきましたし、学生時代も先輩・後輩の関係の中で過ごしてきた人が多いでしょう。部活などは特にね。

私が若かりしとき勤めていた園でのこと。職員会議は緊張感がみなぎっています。

そんな中、〝でも言いたい〟ということがあったので発言した途端に涙が溢れてきました。緊張による涙だったと思います。今では想像もできないくらい図太くなりました。つまり、**発言する機会を多くすれば慣れてくる**ということです。

覚悟した割にはすんなり受け入れられたり、反論にも納得できたりするものです。

保育界は職人のように経験を重ねてきた人が多いです。職人のように、口を出さずにまねることで身につけていく。確かに、その良さはあると思います。でも、それだけでは人を説得することはできない。やっていることを理論的に説明できてこそ、人を説得できるのだと思います。先輩に力をつけてもらうためにも、言いたいことは言いましょう。

言葉を発することは、一石を投じること。みんなが考え育つことにつながります

13 よいところを吸収したい！

〝よいところを吸収したい〟…こんなふうに思えるっていいですよね。よいところってどんなところでしょう？

子どもや保護者への対応が、〝さすが〟と感心できる人が一緒の職場にいるのはうらやましい限り。というか、光っているものに気付くあなたが素晴らしい！　どうすればいいのか教えてくださいと尋ね、言葉で教えてもらっても翌日からできるようなものではありません。経験、人柄、育ち、環境、いろんなことが絡んでその人の保育が成り立っています。

でも、不可能ではありません。**まず、まねをしてみましょう。まねしていくうちに、勘どころの予測がつきます。**

以前、朝、子どもの顔を見て〝あ！　何かあった〟と、その子のお母さんを追い掛けて聞いたことがありました。その様子を見ていた同僚が「何かあったってどうして分かるんですか?」と聞いてきたので、「いつもと違う顔してたじゃない」と答えました。その同僚はすごく悔しかったそうです。それからは、朝、ひたすら入り口に張り付き、子どもの顔を見ながら「おはよう」と迎え入れることに。すると、本当に朝の顔が違うことが分かったと言っていました。ちゃんと教えられない私を追及せずに、自ら見つけてくれて、すごいなぁと感心しました。

保育者として魅力的な人がいるなら、嫌がらない程度に追い掛けて話を聞くといいと思います。そのとき、ノウハウよりその人の子どもを見る目を探るといいでしょう。

憧れは人を育てます。子どももおとなも

14 分からないことを聞けない

「こんな簡単なこと聞いていいのかしら?」
この遠慮からは前に進めません。

知ったかぶりは、どんどん訳が分からなくなっていき、それに突っ込まれたくないという防衛にもなっていきます。

私は、自分が幼稚園も保育園にも通っていませんでしたから、初めて勤めたときは新鮮でした。まず、園長先生に聞いたことは、壁面装飾を指して**「これ、何のためにやるんですか?」**でした。「季節感を感じるためなんですよ」という返答に「?」。〝季節感って外で感じるんじゃないの?〟と思いましたが、これは口にはしませんでした。

自分が〝不思議〟と感じたことは、次々聞きました。聞かれた人は迷惑だったか

もしれませんが、純粋に聞いている私をバカになんてしませんでした。かえって、問われたことにギョッとしていたように感じました。

私とは逆に、従順な方は疑問を感じにくいのかもしれません。「質問は？　と言われても何を質問していいか分からないと言う」ことを嘆く先輩がいます。そんな人には「これ、どうしてやるんだと思う？」と先輩側から具体的に投げ掛けてみましょう。返答できなくても、考える視点になります。

だいたいは、聞いたほうも聞かれたほうも、自分で考え始めます。人の意見も参考にしながら葛藤が始まります。その行き着いたところが、自分らしさです。そうやって、自分らしい保育を見つけていくんだと思いますよ。

「聞くはいっときの恥、聞かぬは一生の恥」。
変なプライドは捨てましょう！

15 実習生にやる気を出してほしい

保育もよく分からず、子どももよく分からず、やってきた現場でやる気を出せって無理な注文でしょう。

「子どもはわんぱくでたくましく、人見知りをせずに、誰とでも遊べる」なんて子ども像をもっているおとなっていますけど、そんな子どもはいないのと同じです。

がむしゃらでもいいから、子どもたちにアタックしてみたら？　何でもバンバン聞いてね！　なんて望みは捨てましょう。

初めから子どもたちに混ざって遊べる人は、既に子どもに慣れているのかもしれません。指導案は紙面上のことで、子どもをイメージしてから作れるほどの力量はありません。そして、保育が終わると日誌を書けと

言われる。言い切って悪いですけど、私のことを思い出すと、単位を取るための実習で自分が何をやっているのか実感はありませんでした。それって、私だけ？　で、一番大事なことは「子どもっておもしろい」と感じたかどうかだと思います。

要《よう》は、これから、この仕事をしたくなったかどうかです。

「どうだった？　子ども、おもしろいなぁと思ったかしら？　砂場遊びをしている子を見ていたわよね？」。こんなふうに聞くのって、丁寧過ぎますか？　漠然と聞かれることほど難しいことはありません。実習先の保育者の受け答えや指導によって、仕事をやろうという気が出るか出ないかくらい大事なことだと思います。今までの机上の勉強とは違う魅力を感じてもらうことが大事なのです。

実習生のやる気は、迎える側にも掛かっています

16

指示待ちの後輩。自分らしさを発揮してほしい！

とりあえず、初めてのことや知らないことは教えられた通りにやりなさい。

「自分らしくていい」と学校時代に言われたことがありますか？

「みんなと同じ」「みんなと一緒」「はみ出さない」「みんなに迷惑を掛けない」「空気を読んで」こんな言葉で過ごしてきませんでしたか？

ほとんどが指示に従うような学校時代じゃありませんか？

とりあえず、初めてのことや知らないことは教えられた通りにやりなさいって。

新米はまだそんな時代を引きずっています。だから、とりあえず3年くらいは指

示待ちでも仕方ないのではないかと私は思います。

かつて、二度目の幼稚園に勤めたとき、新卒で入ってきた後輩に**「好きなようにやってと言ったって、どうやっていいか分からないでしょう？　だから、とりあえず3年は私の指示に従って。**その後、あなたらしいやり方でどうぞ」と言ったことがあります。「好きなようにどうぞ」と手放すのは、無責任だと思っていました。こちらのカラーを示して引っ張っていくと、自分の気持ちに気付いていくのではないかと思ったのです。3年たったとき、彼女が言いました。「今年からは、私のやり方でさせてもらいます」って。こんなやり方もありますよ。

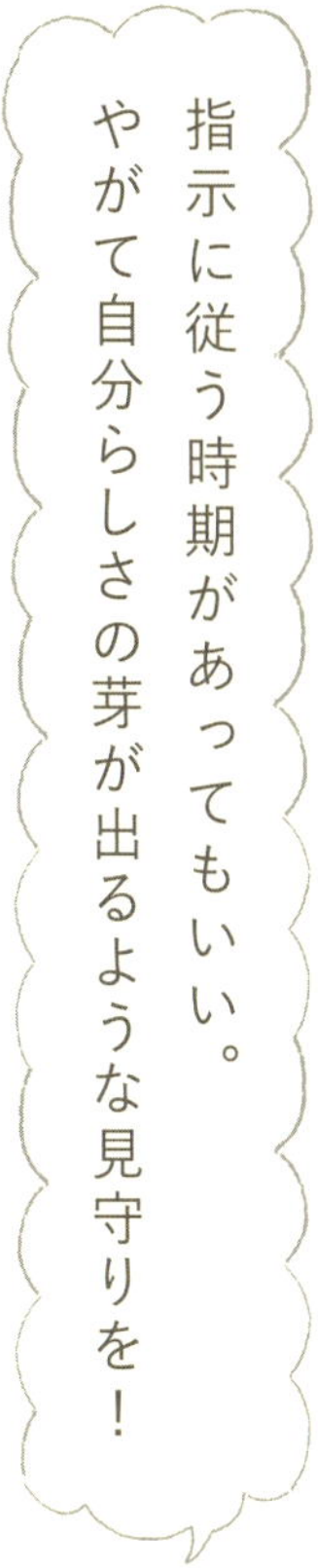
指示に従う時期があってもいい。
やがて自分らしさの芽が出るような見守りを！

17 同じ失敗を繰り返す後輩に

〝失敗は成功の基！〟くらいに考えましょう。
失敗するような挑戦をしたことに拍手！

子どもに「片付けましょう」「ドアは閉めて！」「早くして」「靴はそろえて」「水道は使ったら閉める」…毎日、言い続けていることたくさんありませんか？

基本的に子どももおとなの保育者も同じです。何度言ってもなかなかできるようにはならない。特に自分に必然性を感じていないことは右から左に流れます。

言い聞かせると「はい！　わかった」と言うけれど、言い聞かせたことを納得したわけではなく、返事をして終わらせたというだけ。

これが子どもだとそんなに腹が立たないのだけれど、保育者間だとそうもいかないかも…。

そんな保育者に腹が立ったら、自分の若かりし頃を思い出してみましょう。子どもの頃のことを思い出してもいいですね。

何度も言われてこそ身についたこともあるかもしれないけれど、心底「しまった！」と失敗を意識してこそ身についていくものです。言われてというより、体験して積み重ねていくということでしょう。

「失敗は成功の基！」くらいの声掛けがいいと思いますよ。失敗するような挑戦をしたことに拍手です。

取り返しのつかないような失敗でなければ、ため息をついて待ちましょう

18

子どもに振り回されている後輩に

若くて保育歴が浅い人に、「子どもになめられちゃうわよ」と注意するベテラン保育者は多いようです。

子どもって若いのが分かるというか、年を判別する能力に長《た》けていると思いませんか？ 若いと、子どもに近いと思うのでしょうか、ブレーキを効かせません。言葉の威力はなく、体で向き合っていきます。段々、ベテラン保育者になると、おとなとして一目置くようになり、はちゃめちゃはしません。更にベテラン保育者になると、前に立つだけで子どもは静かになります。これって、保育歴による貫禄ともいえるでしょうか、年配は怒る

と怖いことが分かるので、何も言わずともピンとします。

今や私は「おばあちゃん」。年長児なんて「なんさい？」と聞くので「70歳よ」と正直に答えると、「あら、60さいくらいにはみえるわよ」なんて気遣いまでしてもらって。そして、遊びには誘われません。その代わり、「みてみて！」が多くなりました。「あら、すごいわねぇ」「大きくなったこと！」などと、もれなく褒め言葉が返ってくることを知っているからでしょう。

振り回されるくらい若い後輩。子どもから仲間扱いされていてうらやましくも思えます。

今しかできない、その人の子どもとのつきあい方だと思いますよ。

年相応の子どもとのつきあい方があります

19 パワハラと言われそう

パワハラかどうかは悪意をもっての発言かどうかだと思います。

最近うっかり口を出せなくなっていますよね。

ちなみに、その定義は「同じ職場で働く者に対して、職務上の地位や人間関係などの職場内での優位性を背景に、業務の適正な範囲を超えて、精神的・身体的苦痛を与える又は職場環境を悪化させる行為」(厚生労働省)とあります。

でも、言いたいことを言わないでいると、コミュニケーションは取れないし、人間関係も育っていきません。新米ならなおのこと、仕事の指導をすることだってありますものね。社会人となって給料をもらうプロになった以上、多少の覚悟はしてほしい。

言われ慣れていない人は泣きだしたりします。いいんです。涙に脅えなくて。

感情的になっているので泣きますけど、涙は決して「いじめられた」と感じたわけではなく、心臓がドキドキしちゃって思考能力がゼロの状態なのだと思いますよ。そっぽを向いたり、斜めに構えたり、ふてくされて目つきが悪くなったりするのは、内心、痛いところを突かれたと感じているのかも。向上心がない場合は辞めていくでしょうけど、いいんじゃないですか？

要は、パワハラかどうかは、悪意をもっての発言かどうかだと思います。怒鳴る、無視するなどはあってはいけませんけれど、保育という仕事のために、よかれと思って言うならばいいですよ。怖れずお節介をして育てましょう。

相手を尊重した態度で接していきましょう。
遠慮のあまりに保育の質が低下するのは
本末転倒

おまけ

「ツンデレ」

――だから急いで食べてたのね～

第3章 保護者・地域とのコミュ力

1 日々精一杯の親の不安が和らぐ声掛け

保育園も職場もルールが一杯、頭はごちゃごちゃ。
もう、時間で動くのに精一杯だと思います。

初めての子ども、初めての保育園、緊張して、日々精一杯の親に、どんな声を掛けると良いでしょう。「よく頑張っているね！」。これしかないでしょう。不安は「子どもがちゃんと園になじんでいるのかしら？」「私が仕事していると、子どもに寂しい思いをさせてしまっているのでは」が大きいと思います。

今の状況では親の思考はほとんど停止状態。感情だけが過敏になっているでしょう。そんなときは細々《こまごま》と伝えても通り抜けていくだけです。

とりあえず、労《ねぎら》う。「お疲れ様！　お帰りなさい」と。

子どもが大丈夫なことを伝える。たとえ、子ども同士のトラブルがあっても親が

落ち着いた日常になるまでは、あまり伝えないほうがいいです。「楽しんでいますよ。元気で、子ども同士の関わりも生まれています」がいいですよね。事実がいつもいいわけではありません。うそではないですから、これでよし！

まず、生活リズムがついてくると、徐々に保育園の中が見えてきます。慣れてくると、子どもの欠点や他の子との関係・親同士の関係が気になり始めます。そうなったら、次に進みます。今の子どもの園生活のこと、少し成長するとどんなふうに変わっていくのかを話すと、今の状態を安心して見守れます。誠意をもって耳を傾け、話をすればいいと思います。親の不安や心配を一気に安心に変えてあげることはできません。時間が必要。その時々に寄り添っていきましょう。

共感・肯定が何より救われます。
不安なときに不安をかぶせない

2 子どもの思い、親の思い、保育者の思いをつなげたい

まーるくバランス良くつなげる秘訣ってありませんか？

保育の仕事って、子どもの健やかな育ちを援助することだと思っています。日々、子どもとつきあっている私たちですが、親も子どもとつきあっています。不思議なことに保育者から見えている子どもと、親から見えている子どもは案外違ったりします。当たり前といえば当たり前。子どもは、園では同じような年齢の子どもたちと、競い合ったり、仲良くしたり、憧れたり、嫌いになったり…子どもなりに自分の足で立ち、小さいなりに自立した人間です。家では、赤ちゃんのときから自分を守ってくれる環境ですから依存度は高く甘えます。この違いがあるからこそバランス良く育っていくのですよね。

子どもの一方の手を親が握り、もう一方を保育者が握っている。こっちからあっ

ちは見えないけれど、お互いに情報を伝え合うことで子どもの状態を知れるのだと思います。でも、このバランスが難しい。

まず、親とのコミュニケーションを多くして、**子どもに対するお互いの見解の違いを否定しない関係にしましょう。**まだ信頼関係ができていないと、「あの先生はうちの子のことを分かっていない」と怒りを買うことになりかねません。お互いに見解の違いを尊重し合える関係をつくる鍵はやっぱり子ども。「あなたの子どもはかわいい！　大事にしています」というラブコール以外ないでしょう。だって、どんな立派な保育論より、我が子が愛されていることほど、頼りになるものはありません。まず、園での子どものいい話から始めましょう。

子どものためにと焦ってはいけません。
まずは、親の情報を受け止めることから

3 保護者に伝えたいことをきちんと伝えるコツ

要は伝わればいいだけなのに、難しいです…。

例えば遅刻が多い親に、「もう少し早く来られませんか?」とか「遅刻しないようにしてください」と言うと、怒られたと感じます。すると、罪悪感をもつか、注意した人を避けるようになってしまいます。

「朝って大変よね?」「子どもがちっとも支度しなくて困っているのかしら?」と遅刻になってしまう原因に共感する声掛けをすると、構えていた相手から事情を聞くことができます。**話が深刻なほど明るく言うのがコツ**です。

また、お便りの内容に対して、更に詳しい説明を求める親がいます。親切に細かく伝えれば伝えるほどお便りを読まなくなり…という悪循環に陥ります。**ここは不親切でいい**と私は思います。りんごの木では「着替えを何組持たせてください」と

は言いません。何組も着替えが必要な子と、ほとんど汚さない子がいます。自分の子どものことを考えて用意してもらうためです。

「イモ掘りに行きますから、自分の袋と分かるようなイモが入る袋を持たせてください」。すると、スーパーの袋に油性ペンで名前を書いてくる人もいるし、布の袋を用意する人もいる、大きい袋の人も小さい袋の人もいます。もし入り切らなければ園の袋で補えばいいのです。**不便だったり失敗したりしながら、親も育っていく**のです。失敗は責めてはいけません。

ただし、何にどう使うために何が必要なのか、どこに行くために何時の出発に間に合うように集合するのか、というお願い事の〝元〟は外さないように気を付けましょう。

構えずやってみることができるように。
不便や失敗は人を育てます

4 いつの間にか保護者の口調が友達のように…？

相手が気楽になり過ぎてきちゃった！　困った！

保護者と信頼関係を築こうと積極的にコミュニケーションを取っていたら、いつの間にかプライベートにまで…。

これって、保育者の年齢に関係していると思いますよ。親より年下のときはそこまではいかない、同年齢になると友達感覚になりやすい、親の年を越すと一目置かれた言葉遣い、年齢差がずーっと大きくなると丁寧語になり煙たがられるか尊敬されるか。何といったって、こちらが一番やりやすいのは親の年を越えてからです。

とはいったって急に年は取れません。若いのに積極的にコミュニケーションを取ろうとしている人は偉い！　やっぱり、近しくなるためには言葉数を多く、それな

りに柔らかく、今時の流行言葉も使っていいですよね。ところが、そこからずるずるいくと歯止めが利かなくなり、他の親からの「妙に親しいわよね」という嫌な視線を感じることになってしまいかねません。**つられないようにこちらのスタンスを意識**しましょう。

お見合いの話まで持ち込まれたなんてことも聞きますけど、それで結婚した例もありますから、やり過ぎとは一概にはいえません。ただ、自分がそこまで踏み込んでほしくなかったら「ごめんなさい。お気持ちはありがたいですけど、お子さんが卒業してからにしてくださいね」と言えばいいんです。在園中はまずいのねと控えてくれるでしょう。相手もあなたの開き度を「ここまでなんだ」と気付いてくれるでしょう。

親しき仲にも礼儀ありを実践！

5 保育とは直接関係なさそうな地域活動、参加すべき？

面倒で泣きたいほどの思いをすることもありますよね。

保育園や子どもの施設を造るときに住民の反対運動が展開されることが多いです。それだけ、社会の中で子どもは嫌われているんです。静かに迷惑を掛けられず、安全に暮らしたいおとなが多いということでもあります。

今は少子化もあって、おとな文化に子どもは巻き込まれ、子どもの文化がなくなっていると思います。子どもはいつの時代も子どもなんですけどね。そのためにはお互いに折り合う必要があります。そして、子どもに慣れてもらうしかありません。**地域とは関係なく保育していくことは、社会の中で子どもを隔離して育てているのと同じ。**でも子どもも社会の一員なのです。これからの社会をつくっていく大事な人なのです。一見、無駄そうに見えても地域活動には参加した方が良いと思います。

地域の会社や住民とつながってきた園が、災害があったとき助けられたという実話もあります。子どもたちには、地域力が必要です。

りんごの木は今の場所に居を構えるとき、初日に怒鳴り込まれました。相手が分からないから、警戒して攻撃するのです。そこで、掃除に励みました。ほうきより口を動かして四方《よも》山話《やまばなし》を続けました。３年たったら、普通におしゃべりする関係になりました。５年たったら応援団になってくれました。「子どもを泣かしている」だったのが、「子どもは泣いて大変ね」に変わったのです。

子どもが、やがて地域の大らかなおとなになるためには、地域とつながっていくことだと思います。それは私たちの仕事の一つでもあるのではないでしょうか？

園の囲いの中で育てていくのではなく、
子どもは社会の中で育てていくのです

6 保育者の意見に、耳を貸さない親

私たちのほうが子どものことをよく知っているのに。

情報や書物の専門知識のほうを信じて、私たちのアドバイスが拒否されるのは頭にきます。本当に、人間は〝情報〟に弱いのです。でも、とりあえず私たちも情報に興味をもってみませんか。**親は何を信じているのか耳を貸してみましょうよ。**私たちは目の前の子どもの日々を通して判断し、語ります。専門知識や情報は一般論です。でも、一般論を知らないより知っているほうがいいに決まっています。でも、私たちまでそちらを優先して、子どもが見えなくなっちゃいけません。

親の気持ちを受け止めてみると、どうしてそちらを優先するのかが見えてきます。まず受け止めることからです。「あら、そんなふうに書いてあるの？　見せて見せて。

この情報、いつも参考にしているの？」とこちらから近づいていくと、頑なに閉じた口が開いてきます。何を心配しているかも、見当がつきます。

親も自分の気持ちが受け止められていると思えば、聞く耳をもち始めます。自分の考えや心配を受け止めてくれた人を信じるのです。その関係がなければ忠告やアドバイスは届きません。手間暇掛かりますよね。でも、人間、そんなものです。

一人の子を巡って親と保育者という違う角度から考えるのは大事なことです。お互いの違う情報をやり取りしながら、その子にとってのいい方法を見つけ合えたら理想的。その前提は、「親ほどではないけれど」という謙虚さと、「私たちも子どもを大事に思っています」というメッセージを送り続けることかもしれません。

子どものことに一番責任を感じるのは親。
まずは親の思いを受け止めることから

7 担任に対する親の不安感

親は担任が嫌いなわけではないはずです。

一般的に、親に評判が悪いのは、若い、経験が少ない、ハキハキ話さない、表情が読みにくい、雰囲気が暗いなどです。話し方や表情は少し努力すれば何とかなります。けれど、「若い」「経験が少ない」はどんなにあがいてもどうにもなりません。

親は担任が嫌いなのではありません。人柄が分からないから不安で心配しているんです。そこで、前からいる親しい保育者に「大丈夫なのかしら?」なんて口にしてしまうのです。落ち込みますよね。

でも、実は**親が一番我が子を好きになってほしいのは担任なんです。一番信頼したいのは担任なのです。**だって、一番子どもにとって身近な人ですから。

信頼されていないと感じるのは辛《つら》いです。でも、残念ながら、一気に信頼を勝ち

取る方法はありません。避けないで、日々努力するしかないのです。

私、若いときに思いました。クラスの子を絶対大好きになるって。ベテランの先生も私も、同じ人数の子どもを担任している。だから、ベテランの先生も私も同じ責任を背負っている。親の期待を背負っている。若いとか未熟とかはどうにもならないけど、今やれることを頑張る。「経験は浅いけど子どもを大事にしてくれる」「何といっても子どもが先生を好きなのよ」と言ってもらえるように。それが、プロ根性ともいえると思います。

でも自分だけ力んでも難しい。職場の人間関係が良好だと、親との関係も育っていきやすいです。先輩の協力を仰ぎましょう。

若い保育者を育てるのは親と子どもと同僚と、今やれることを頑張る〝プロ根性〟

8 子ども同士のトラブルが親の関係を悪くしないために

「子どもはけんかくらいしてもいい」と言ってくれていたのに……。

我が子にトラブルが展開されると変身！　「我が子を守る怖いライオン」になってしまいます。更にけがでもしようものなら大騒動。これって、理屈じゃないんだと思います。我が子の痛みを我が子以上に感じてしまう。その上、その場を見ていないので、想像は果てしなく広がってしまいます。

かつてジャングルジムのてっぺんで、二人の3歳児が怪獣ごっこをやってしまいました。高いことを忘れて一人が押して、一人が落ちてけがをしました。

この二人は怪獣ごっこが好きだったので、保育者はこの事態を想定できたはずです。その上で謝罪しました。何に対して謝罪するかを明確にし、修復すべき点を具体的に詰めて話しました。

けがをしてしまった子ばかりではなく、押してしまったほうにも連絡しました。保育者には防げる可能性があったのに、こんなことになってしまったことをお詫びしました。**「相手の子は体に傷を負ったけれど、お宅の子は心に傷を負っている。本当にショックだったでしょう。叱らずに抱きしめてあげてほしい」と伝えました。**

翌日には、担任と私で子どもの父親にも謝罪したいことを伝え訪問しました。話している途中にもう一方の子が家族で尋ねて来て、仲良しの子どもたちは遊び始めました。そして、押した子は「ごめんね」とつぶやいていました。

子ども同士にわだかまりがなかったことが分かって、おとなたちもほっとし、両方の両親共、「立場はいつ逆になるかは分かりません」と話されていました。

トラブルには、事実と子どもの気持ち、保育者の検証を細かくきちんと伝える

9 懇談会の内容への親の要望が様々過ぎます

あのー…、それは親に聞いてご要望に応じるものですか？

懇談会の内容については、親の要望を聞く園があるのですね。保育や育児の意見交換などをしたいと言う人もいれば、手仕事などの講習会がいいと言う人もいるでしょう。それなら、どの言い分も聞いて、かわりばんこの企画にしたらいかがですか？　私は、懇談会は園が主催するものだと思っています。子どもを保育するだけでいいのではなく、親たちにも保育から学んでほしいし、どの子の育ちも応援してほしいし、子育てで大変なときに支え合える関係をつくってほしいと思ってやっています。

りんごの木では、「夏休みどうする？」「夫の実家は緊張する？　楽しい？　行きたくない？」なんて話もします。自分が悩んでいることを人と共有する

ことで楽になるし、すごく参考になります。そして、保育の話も子どもの話もします。子どもの日々のドラマや保育の現状など。**園としての考えがあってやるのが懇談会です。**手仕事や趣味に関しては、親の自主性に任せています。だって、興味をもつものってみんな違うし、「みんなで」というのは無理ですから、「○○しませんか？」と誰かが提案し、やりたい人が集まるという部活のようなやり方をしています。手仕事をしながら話に花が咲いて親しくなるのは事実。そういう懇談会もありと思います。けれど、親の意見をそのまま請け負わなくていいんじゃないですか？

「何で懇談会をやるのかしら」という原点に立ち止まって、職員で考えるといいと思いますよ。

当たり前になっていることを、
立ち止まって考えてみましょう

10 保護者の輪に入らない保護者に、どう関わっていくといいでしょう

クラスの子どもの中で、みんなの輪に入らない子がいたらどうしますか？　無理にでも誘って輪に入れますか？

まずは輪の中に入りたくないのか、入れないのか様子を見ます。入りたくないようならば、放っておいてもいいですけれど、入れない様子ならば「一緒にいかがですか」と誘ってみましょう。

ひとりぼっちの子の場合、寄り添って、思いを察するところから始めますよね。親も同じではないかしら？ 性格的に群れが嫌いな人もいます。子どもは園を楽しんでいるけれど、親自身が苦痛で他の親と顔を合わさないようにしている人もいます。いいとか悪いと

かではなく、それなりに背景や性格があってそうなっているのでしょう。でも、〝ひとりぼっち〟という負い目や感情はもっているかもしれません。せめて、保育者は声を掛けましょう。その人が心の扉を開いてくれるように寄り添っていきましょう。だって、きっと、子どものことは知りたいし、先生に好きになってほしいし、子育ての大変さを誰かに見ていてほしいと思っているでしょうから。

人の行動には必ず背景があります。背景を無視して強要することは、相手を辛くさせ、緊張感をもたせることになってしまいます。今のその人の状況を尊重しましょうよ。

〝みんな一緒〟〝みんな仲良く〟が辛い人もいます。それぞれを尊重するところから

11 気になる子どものこと、周りの親に理解してもらうほうがいい？

親の気持ちは？　周りの偏見があるかも…。

近年、特別な支援が必要な子どもが増えています。子どもと一口にいっても個々で随分違います。十人十色といわれるように、みんな違うわけです。

親のほうも、診断を受けて、ハッキリ言われてホッとする人もいれば、どん底に落ちてしまう人もいます。特徴がハッキリしていて分かりやすかったり目立ったりする場合は、親が受け止めていることが多いので、他の人の理解を得るために説明するほうが良いと思います。その子の素敵なところや特徴を話していきしょう。ボーダーで分かりにくい子の場合、親に伝えるか、診断を促すか、**どれが正解とはいえません。親によります。親のサポートをしながら慎重に**判断しま

しょう。

かつて、自閉傾向のある子がいて、どうして同じクラスなのかと親たちから苦情が出たことがありました。私は違っている子がいた方がおもしろいと思っていました。個々の子どもが育つためにはいろんな子がいることが大事ということです。お便りや懇談会のときには、必ずその子を話題に出しました。

その子によって周りの子が遊びを工夫し、刺激し合っていること、周りの子がその子をどんなに大事に思っているかというエピソードも具体的に伝え続けました。やがて、親たちはこう言ってきました。「愛子先生、もういいですよ。思うように保育してください」って。理解してくれてからは、応援団になってくれました。

周りに伝えるかどうかは、親の状況によって慎重に！

＜著者＞

柴田愛子（しばた　あいこ）

東京生まれ。幼稚園勤務やOLを経て、1982 年「りんごの木」を発足。保育の傍ら、講演、執筆、メディアでも活躍中。おとなと子どもの気持ちのいい関係を目指している。著書『おとなと子どものいい関係』、『こどものみかた』、絵本『けんかのきもち』、他多数。

< STAFF >
アートディレクション／石倉ヒロユキ
本文レイアウト／株式会社レジア 上條美来
本文イラスト／ホリナルミ
企画・編集／小川千明・北山文雄
校正／文字工房燦光

ひかりのくに保育新書①

柴田愛子先生の保育のコミュ力

2019年 7 月　初版発行
2022年 7 月　第 3 版発行

著　者　柴田愛子
発行人　岡本　功
発行所　ひかりのくに株式会社
〒543-0001　大阪市天王寺区上本町3-2-14　郵便振替 00920-2-118855　TEL.06-6768-1155
〒175-0082　東京都板橋区高島平6-1-1　郵便振替 00150-0-30666　TEL.03-3979-3112
ホームページアドレス　https://www.hikarinokuni.co.jp
印刷所　図書印刷株式会社

Printed in Japan
ISBN978-4-564-60928-2
NDC376　112P　18×11cm